STUDENTI JUNIORI

TOTUL DESPRE CÂINI

CHARLOTTE THORNE

STUDENTI JUNIORI

TOTUL DESPRE CÂINI

CHARLOTTE THORNE

Câinii sunt adesea numiți cel mai bun prieten al omului. Sunt animale uimitoare care au trăit cu oamenii de foarte mult timp.

Domesticizarea câinilor merge până la lupul cenușiu. Domesticarea înseamnă că oamenii au îmblânzit un animal pentru a trăi cu noi.

Datorită creșterii selective, oamenii au creat toate tipurile de locuri de muncă diferite pentru câini!

În Egiptul Antic, zeul Anubis avea capul unui șacal, pe care un animal îl lega de câini.

O pictură rupestră faimoasă din Europa înfățișează oameni străvechi vânând cu câini străvechi.

În timpul războiului, câinii au servit ca animale de război și au ajutat soldații cu locuri de muncă periculoase.

Câinii aparțin familiei Canidae. Familia Canidae include, de asemenea, lupi, vulpi și alți câini sălbatici.

Câinii pot mirosi o mulțime de lucruri pentru că au 300 de milioane de receptori.

Auzul lor este incredibil. Ei pot auzi sunete de înaltă frecvență pe care noi nu le putem.

Există mulți câini celebri pe tot globul.

Lassie the Rough Collie este o icoană în cărți, filme și televiziune. Este cunoscută pentru misiunile sale de salvare.

Balto Husky a condus o echipă de câini de sanie în Alaska în 1925. Ei au livrat un medicament important oamenilor bolnavi.

Rin Tin Tin Ciobanescul German a fost unul dintre cei mai faimoși actori de câini și este considerat primul star de film cu câini din lume.

Să aruncăm o privire la diferitele
rase de câini.

Labrador
Retriever sunt
câini prietenoși.
Au dragoste
pentru apă.

Ciobanesc
german sunt
deștepți și
puternici. Sunt
câini de lucru și
au trăsături de
protecție.

Golden Retrievers sunt rase jucăușe, populare. Sunt frumoși și plini de personalitate.

Bulldogii sunt încrețiți și au corpul îndesat. Sunt catelusi afectuosi.

Beagles sunt câini curioși și sunt folosiți la vânătoare. Au urechile catifelate.

Pudelii sunt una dintre cele mai inteligente rase de câini și sunt cunoscuți ca câini de lux.

Rottweilerii sunt câini puternici. Sunt bebeluși iubiți.

Yorkshire Terrier sunt mici pachete de energie. Au paltoane lungi și le place să călătorească în genți de mână.

Boxerii sunt pui jucăuși. Au un cap pătrat și le place să fie activi.

Teckelii sunt câini lungi „hot dog", ceea ce îi face unici. Au un spirit mare pentru un corp mic!

Huskiii siberieni trag de sanie si sunt caini foarte vocali si prietenosi. Au și ochi albaștri strălucitori.

Doberman Pinscher sunt câini eleganti și puternici. Sunt gardieni protectori.

Shih Tzu sunt câini de poală mici. Sunt animale de companie foarte prietenoase.

Danezii mari sunt câini foarte înalți. Pot fi foarte dulci.

Border Collie

sunt ageri și inteligenți. Au multă energie.

Câinii ciobanesc Shetland sunt câini care aud. Sunt cunoscuți pentru coama lor groasă de blană.

Chihuahua sunt mici, dar au inimi mari. Sunt dulci când sunt respectați.

Pembroke Welsh Corgis sunt mici, dar au urechi mari. În mod surprinzător, ei aud câini.

Sfantul Bernard este cunoscut pentru munca lor de salvare. Sunt giganți blânzi.

Ciobăneștii australieni sunt animale de companie inteligente și agile. Ei lucrează ca câini de păstor.

Pugii sunt niște drăgălași mici, încrețiți. Au o fire foarte jucăușă, dar încăpățânată.

Alaskan Malamutes sunt câini de sanie și pot supraviețui în climatele reci.

Terrierii australieni sunt mici, cu o blană aspră. Sunt animale de companie grozave.

Basenjis au urlete asemănătoare yodelului. Sunt câini super inteligenți și independenți.

Bichon Frisés arată ca nori. Au personalități vesele.

Bloodhounds au urechi căzute și un simț al mirosului excelent. Sunt folosite și în salvari.

Boston Terrier-ii au paltoane smoking. Sunt cățeluși prietenoși.

Cavalier King Charles Spaniels au cele mai bune personalități, precum și paltoane frumoase.

Cocker Spanielii au urechi lungi și mătăsoase și au un aer de clasă.

Mastiffii englezi sunt câini uriași! Sunt calmi și drăguți.

Akita sunt animale de companie nobile. Sunt cunoscuți pentru blana lor groasă de blană.

Maltezii sunt câini albi foarte buni și iubesc atenția.

Câinii de munte birman sunt foarte mari, dar foarte blânzi.

Pomeranii sunt câini pufoși. Au personalități îndrăznețe.

Rhodesian Ridgebacks au o „crestă" de păr pe spate. Sunt folosite pentru vânătoare.

Setterii irlandezi sunt câini eleganți și vibranti. Sunt frumuseți pline de eliberare.

Urechile lui Papillon arată ca niște fluturi. Sunt niște simpatice prietenoase.

Whippets sunt super-rapidi și foarte agili și blânzi cu oamenii lor.

Shar-Peis sunt foarte ridați. Sunt câini loiali și protectori.

Dalmații sunt câini energici și sunt simbolul oficial al caselor de pompieri.

Câinii ajută oamenii în fiecare zi.

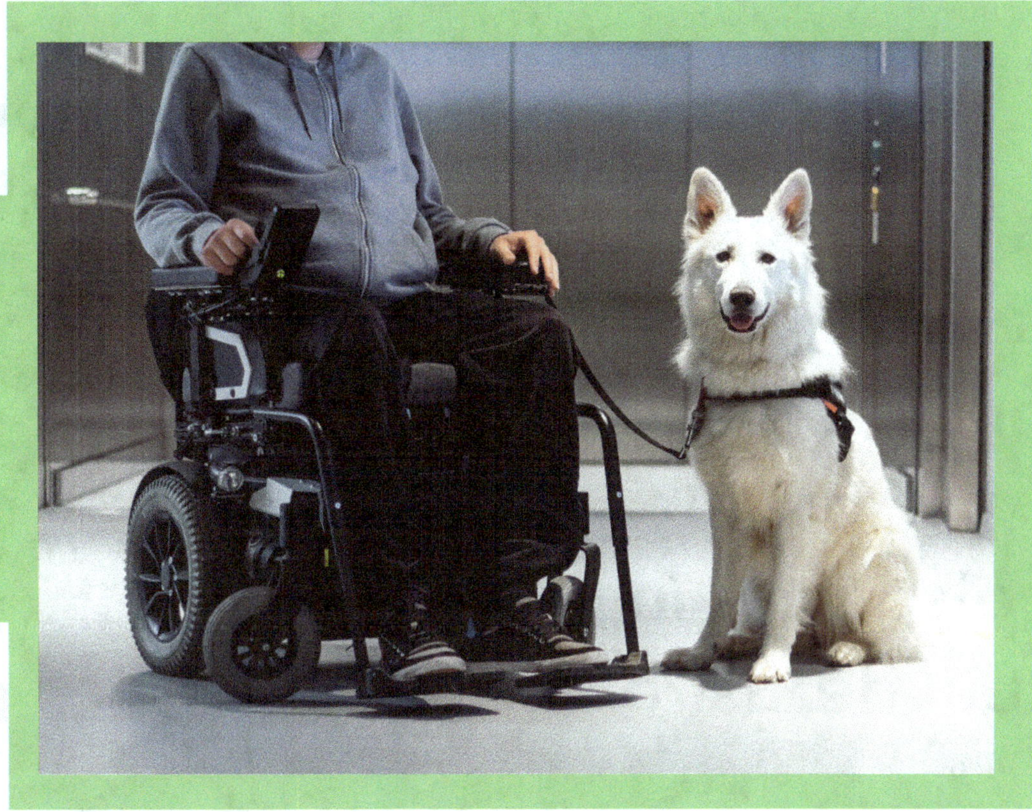

Mulți câini lucrează ca animale de serviciu, ajutând persoanele cu dizabilități.

Câinii de căutare și salvare lucrează pentru a localiza persoanele dispărute în timpul dezastrelor.

Câinii lucrează cot la cot cu poliția. Cățeii care nu trec de formare merg la familii iubitoare.

Câinii de terapie oferă sprijin emoțional oamenilor din spitale și din siguranța publică.

Câinii sunt o parte importantă a vieții noastre de zi cu zi. Este important să aveți grijă de câini. Ei nu sunt doar muncitori, ci și membri importanți ai familiilor noastre!